Ingrid Uebe

Kätzchen spielt

Bilder von Birgit Mitschke

Loewe

Die Deutsche Bibliothek – CIP-Einheitsaufnahme

Uebe, Ingrid:
Kätzchen spielt / Ingrid Uebe.
Zeichn. von Birgit Mitschke.
Lateinische Schreibschrift.
1. Aufl. – Bindlach : Loewe, 1994
ISBN 3-7855-2631-8

ISBN 3-7855-2631-8 – 1. Auflage 1994

Lateinische Schreibschrift.
Umschlagillustration: Birgit Mitschke
Satz: Jung Satzcentrum GmbH, Lahnau

Inhalt

Kikeriki, sagte die Kuh

Vor vielen Jahren trafen sich die Tiere auf der großen Wiese hinter dem Wald und wollten zusammen spielen. Aber weil jedes eine andere Sprache sprach, konnten sie sich nicht verstehen. Sie redeten immer lauter. Zum Schluß schrien sie sich gegenseitig nur so an. Aber das nützte natürlich gar nichts. Es machte nur Lärm und ein heilloses Durcheinander.

Da flog der Rabe auf einen hohen Baum und rief mit lauter Stimme: „Ruhe hier! Donnerwetter noch mal! Wollt ihr wohl endlich still sein?"

Der Rabe war ein kluger Vogel. Er konnte so sprechen, daß ihn alle anderen verstanden. Sofort verstummte der Lärm. Die Tiere hielten den Mund.

Oder das Maul. Oder den Schnabel. Oder was sie sonst noch hatten.

„Ihr benehmt euch wie Dummköpfe", sagte der Rabe. „Wenn man sich nicht versteht, ist Schreien ganz und gar sinnlos. Ihr müßt die Sprache der anderen lernen. Dann könnt ihr miteinander reden. Und spielen natürlich auch!"

Das sahen die Tiere ein.

„Es wird sicherlich Mühe machen", sagte der Rabe, „aber es lohnt sich. In einem Jahr wollen wir uns wieder hier treffen."

Die Tiere waren einverstanden. Muh, sagte die Kuh. Kikeriki, sagte der Hahn. Mäh, sagte das Schaf. Oink, sagte das Schwein. Miau, sagte die Katze. Quak, sagte der Frosch. Wau, sagte der Hund.

Piep, sagte die Maus. Iah, sagte der Esel. Schuhu, sagte die Eule.

Und nach einem Jahr trafen sie sich alle wieder auf der großen Wiese hinter dem Wald und zeigten, was sie gelernt hatten.

Kikeriki, sagte die Kuh. Muh, sagte der Hahn. Oink, sagte das Schaf. Mäh, sagte das Schwein. Quak, sagte die Katze. Miau, sagte der Frosch. Piep, sagte der Hund. Wau, sagte die Maus. Iah, sagte die Eule. Schuhu, sagte der Esel.

Der Rabe saß oben auf dem Baum und hörte sich alles aufmerksam an.

„Allerhand!" sagte er anerkennend. „Ihr wart wirklich fleißig."

Muh, sagte der Hund. Piep, sagte die Katze. Quak, sagte das Schwein. Iah, sagte die Maus. Und so weiter. Und so weiter.

Endlich schwiegen sie völlig erschöpft. Einen Augenblick war es ganz still. In die Stille hinein lachte die Kuh und sagte: „Das war schon ein schönes Spiel!"

„Ja", sagten die anderen. „Wir wollen es noch mal spielen."

Das taten sie. Immer wieder und immer anders. Und jeder konnte jeden verstehen.

Kätzchen spielt

Kätzchen will spielen. Aber niemand ist da. Kätzchen ist ganz allein in der Wohnung. Papa ist im Büro. Mama ist einkaufen. Peter ist in der Schule. Lisa besucht eine Freundin. Ach, wie langweilig ist es, wenn man keinen zum Spielen hat!

Kätzchen spaziert von einem Zimmer ins andere. Mama hat die Türen offengelassen, damit es sich überall umgucken kann. Zuerst geht Kätzchen ins Schlafzimmer. Da stehen zwei große Betten nebeneinander. Sie gehören Mama und Papa. Alle Kissen und Decken liegen noch durcheinander. Kätzchen sucht sich zwischen den kuschelig weichen Kissen und Decken eine herrliche Höhle. Es kriecht hinein und spielt großes

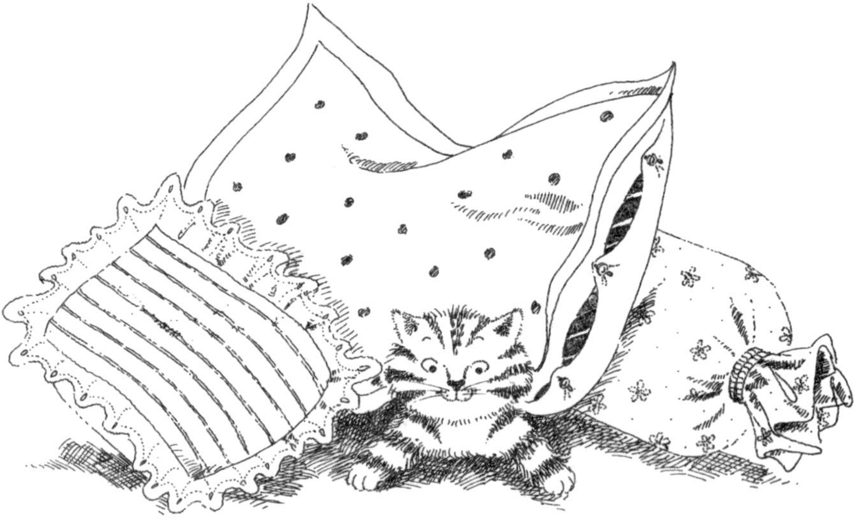

gefährliches Tier. Das große gefährliche Tier liegt auf der Lauer und wartet auf einen Feind. Das Lauern und Warten macht Spaß. Nur zeigt sich vor der Höhle kein Feind.

Nach einer Weile kriecht Kätzchen heraus. Es spaziert weiter in Peters Zimmer und springt auf einen Stuhl. Vom Stuhl klettert es auf den Schreibtisch. Dort steht ein Becher mit Buntstiften. Die tanzen, wenn man sie antippt.

Das ist ein schönes Spiel. Kätzchen läßt die Stifte tanzen. Da fällt der Becher um, und alle Stifte kollern heraus.

Kätzchen reißt aus. Nebenan in Lisas Zimmer verschnauft es. Aber nicht lange. Auf dem Sessel in der Ecke liegt ein Strickpilz. Mit dem hat Lisa schon eine recht lange Strickwurst gestrickt. Damit kann man gut spielen. Leider wird die

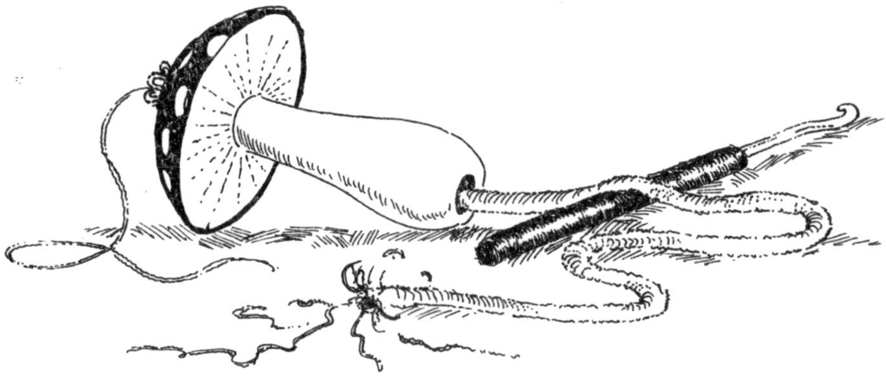

Wurst dabei immer kürzer. Und der Faden, an dem sie hängt, wird immer länger. Kätzchen ist ganz enttäuscht, als die Wurst weg ist.

Nun geht Kätzchen ins Wohnzimmer. Aber es hat keine Lust, sich in sein Körbchen zu legen. Im Bücherregal steht ein Efeu. Der läßt seine Ranken fast bis auf den Boden hängen. Das ist ein feines Spielzeug, denkt Kätzchen und hangelt danach. Die eine Ranke reißt ab, und die andere verliert ein paar Blätter.

Neben dem Sofa steht der Zeitungs-

ständer mit vielen Zeitungen. Die knistern sehr schön. Kätzchen holt eine dicke Zeitung heraus und reißt sie in kleine Stücke. Die verteilt es auf dem Teppich und wirbelt sie mit den Pfoten durcheinander. Das macht Spaß.

Da hört Kätzchen einen Schlüssel in der Wohnungstür. Mama kommt vom Einkaufen nach Hause.

Kätzchen läßt die Zeitungsschnipsel im Stich und läuft Mama entgegen.

„Na, Kätzchen", sagt Mama, „warst du auch brav?" Sie geht ins Wohnzimmer und blickt sich um. Sie entdeckt die zerrissene Zeitung und den zerrupften Efeu. Sie geht in die anderen Zimmer und sieht, was Kätzchen gemacht hat. Aber sie schimpft nicht. Sie lacht nur. Sie weiß, daß Kätzchen bloß spielen wollte.

Melanie

Bei Oma auf dem Sofa sitzt eine alte Puppe. Mit der muß man äußerst vorsichtig umgehen. Sie ist nämlich sehr kostbar.

Sie hat einen Kopf aus Porzellan. Sie hat Schlafaugen und echte Haare. Sie trägt einen Strohhut mit Schleife, ein blaues Samtkleid und eine Schürze. An

den Füßen hat sie weiße Söckchen und schwarze Schuhe. Sie heißt Melanie.

Als Tina noch klein war, durfte sie Melanie nie anfassen. Aber jetzt ist Tina schon sechs. Da darf sie Melanie manchmal auf den Schoß nehmen. Oma schaut jedesmal besorgt herüber und sagt: „Laß sie bloß nicht fallen!"

Einmal hat Oma in der Küche zu tun. Tina ist mit Melanie allein.

„So", sagt Melanie, „jetzt machen wir was."

„Ja", sagt Tina, „was denn?"

„Setz mir den Hut ab und bürste mir die Haare! Ich hätte gern Zöpfe."

Tina nimmt Melanie auf den Schoß und tut, was sie verlangt.

„Jetzt nimm mir die Schürze ab!" sagt Melanie. „Man soll mehr von meinem schönen Kleid sehen."

Tina nickt. Da hat Melanie wirklich recht.

„Jetzt zieh mir bitte noch die Schuhe und Strümpfe aus!" sagt Melanie. „Ich möchte gern barfuß laufen."

Tina gehorcht. An ihrer Hand läuft Melanie barfuß über den Teppich.

„Und jetzt essen wir jeder ein Stück Schokolade", sagt Melanie. „Sie liegt oben im Schrank."

„Ja, das machen wir", sagt Tina. „Ich hole sie raus."

Sie setzt Melanie wieder aufs Sofa und holt die Schokolade oben aus dem Schrank.

„Schmeckt wirklich gut", sagt Melanie.

„Finde ich auch", sagt Tina.

Oma schaut herein. Sie sagt: „Ich habe Stimmen gehört. Mit wem unterhältst du dich denn?"

„Mit Melanie", antwortet Tina. „Sie hat gesagt, ich soll ihr Zöpfe machen und die Schürze abnehmen und die Schuhe ausziehen."

„Laß sie bloß nicht fallen!" sagt Oma.

Tina schüttelt den Kopf.

„Was hast du im Mund?" fragt Oma.

„Schokolade", antwortet Tina. „Melanie hat gesagt, ich soll sie oben aus dem Schrank holen."

„Na, so was!" sagt Oma. „Ich dachte immer, Melanie mag keine Schokolade."

Sie macht die Tür zu und geht in die Küche zurück.

„Oma ist ziemlich dumm", sagt Melanie. „Jetzt essen wir noch ein Stück."

Kleiner Hund im Garten

Auf der Wiese im Garten lag ein kleiner Hund und langweilte sich. Er hatte keinen zum Spielen.

Nicht weit von dem kleinen Hund hüpfte eine Amsel und pickte nach Regenwürmern.

„Hallo, du da!" sagte der kleine Hund. „Willst du vielleicht mit mir spielen?"

„Meinetwegen", sagte die Amsel. „Wir fliegen aufs Dach. Wer zuerst oben ankommt, hat gewonnen."

„Aber ich kann gar nicht fliegen",
sagte der kleine Hund.

„Ach nein?" fragte die Amsel. „Dann können wir auch nicht zusammen spielen."

Der kleine Hund lief zum Teich. Da saß ein Frosch auf einem Stein und sonnte sich.

„Hallo, du da!" sagte der kleine Hund. „Willst du vielleicht mit mir spielen?"

„Meinetwegen", sagte der Frosch. „Wir

springen in den Teich. Wer am tiefsten tauchen kann, hat gewonnen."

„Aber ich kann gar nicht tauchen", sagte der kleine Hund.

„Ach nein?" fragte der Frosch. „Dann können wir auch nicht zusammen spielen."

Der kleine Hund lief bis ans Ende des Gartens. Da hockte ein Eichhörnchen auf dem untersten Zweig einer Tanne.

„Hallo, du da!" sagte der kleine Hund. „Willst du vielleicht mit mir spielen?"

„Meinetwegen", sagte das Eichhörnchen. „Wir klettern die Tanne hinauf. Wer zuerst wieder unten ist, hat gewonnen."

„Aber ich kann gar nicht klettern", sagte der kleine Hund.

„Ach nein?" fragte das Eichhörnchen. „Dann können wir auch nicht zusammen spielen."

Da klingelte es vorn an der Haustür. Der kleine Hund spitzte die Ohren. Er flitzte durch den Garten und bellte vor Freude.

Sascha kam aus der Schule. Er warf seinen Ranzen in die Ecke und lief gleich in den Garten. Er begrüßte den kleinen Hund und fragte: „Wollen wir Ball spielen?"

Kinder, kommt spielen!

Tobias ist umgezogen. Mit seinen Eltern natürlich. Sie sind alle drei in eine andere Stadt gezogen, in ein anderes Haus und in eine andere Wohnung.

Der große Umzugswagen steht noch draußen vor der Tür. Drei starke Männer

schleppen die Möbel herein. Mama und Papa sagen, wo sie hinsollen.

Tobias ist allen im Weg. Er geht in sein Zimmer. Aber das Zimmer ist noch ganz leer.

„Geh doch ein bißchen auf den Hof!" sagt Mama. „Vielleicht findest du jemand zum Spielen."

Tobias weiß, wie er auf den Hof kommt. Er muß zuerst eine große Treppe hinunter und dann eine kleine. Nun muß er noch durch eine braune Tür. Sie quietscht ein bißchen.

Auf dem Hof ist nichts los. In der Mitte ist ein Stück ungemähte Wiese. An der einen Seite stehen drei hohe Pappeln, an der anderen vier Sträucher. Ringsherum führt ein gepflasterter Weg.

Tobias blickt nach oben. Überall sieht er hohe Mauern mit vielen Fenstern und

Balkonen. Er sieht Blumenkästen mit roten Geranien und bunten Petunien. Aber kein Mensch ist zu sehen. Alle Fenster sind zu, und alle Balkone sind leer.

Tobias läuft mitten auf die Wiese. Er legt den Kopf in den Nacken, breitet die Arme aus und dreht sich. So laut er kann, ruft Tobias: „Kinder! Kinder, kommt spielen!"

Er sieht die Mauern, die Fenster und die Balkone, die roten Geranien und die bunten Petunien. Sie wandern im Kreis um ihn herum. Tobias ruft: „Kinder, kommt spielen!"

Da öffnet sich ganz oben unter dem Dach ein Fenster, und ein blonder

Lockenkopf guckt heraus. Im zweiten Stock steht plötzlich ein Junge auf dem Balkon. Er hat braune Strubbelhaare und ein gelbes T-Shirt. Aus dem Haus nebenan winken zwei Mädchen mit langen Zöpfen.

Tobias dreht sich weiter und ruft: „Kommt spielen!"

In den Häusern wird es lebendig. Immer mehr Gesichter schauen aus den Fenstern und von den Balkonen. Die Kinder haben Tobias gehört. Sie nicken und rufen: „Ja, ja, wir kommen!"

Die Kinder kommen aus allen Häusern und durch alle Türen. Sie kommen zu Tobias und sagen, wie sie

heißen. Tobias kann gar nicht alle Namen auf einmal behalten. Aber ein paar behält er schon.

Der Junge mit den braunen Strubbelhaaren heißt Michael. Er sagt: „Gut, daß du gerufen hast. Ich hatte gerade solche Langeweile. Was sollen wir spielen?"

Sie sind sich schnell einig. Sie spielen ein Spiel, bei dem alle mitmachen können. Sie machen einen großen Kreis und singen: „Dreht euch nicht um! Der Plumpsack geht herum ..."

Tobias darf der Plumpsack sein. Weil er neu ist und weil er die Kinder gerufen hat.

Die Puppe

Es war einmal ein kleines Gespenst. Das wollte viel lieber spielen als spuken. Seine Eltern gaben sich wirklich große Mühe, ihm all das beizubringen, was ein kleines Gespenst nun einmal lernen muß. Aber sie schafften es einfach nicht.

Wenn sie ihm beispielsweise zeigen wollten, wie man lautlos die Treppe hinabschwebt, stampfte das kleine Gespenst mit dem Fuß auf den Boden und sagte: „Ich will nicht schweben – ich will spielen!"

Die drei Gespenster wohnten in einem uralten Schloß mit halbverfallenen Mauern. Von beiden Seiten pfiff der Wind durch die Fensterhöhlen, und von oben regnete es durch die Decke. Es war wirklich gemütlich.

Bei Nacht, wenn die Eltern spuken gingen, lief das kleine Gespenst in den Wald und sammelte Kieselsteine, dürre Ästchen, Blätter und Moos in sein Hemd. Die trug es nach Hause und spielte damit.

Lange Zeit hatte es an diesen Dingen genug, aber eines Tages sagte es: „Ich hätte gern eine Puppe."

„Was willst du mit einer Puppe?" fragte

Mutter Gespenst erstaunt. „Ein anständiges Gespenst braucht keine Puppe. Ich habe auch keine gehabt, als ich noch ein kleines Mädchen war."

„Ich will aber eine!" sagte das kleine Gespenst und stampfte mit dem Fuß auf den Boden. „Ihr müßt mir unbedingt eine besorgen."

„Ich wüßte nicht, wo", sagte Vater Gespenst.

Da wurde das kleine Gespenst sehr traurig. Und anschließend wurde es krank. Es aß nicht und trank nicht. Es spielte und sprach nicht. Und an Spuken war gar nicht zu denken. Es mußte im Bett liegen und wurde immer bleicher und dünner. Schließlich sah es so aus, als ob man es ohne weiteres hätte durch die Wand pusten können.

„Das geht so nicht weiter!" sagte

Mutter Gespenst. „Wenn das Kind wieder gesund werden soll, müssen wir ihm eine Puppe besorgen."

„Aber wie sollen wir das machen?" fragte Vater Gespenst und blickte seine Frau ratlos an.

„Besorge mir so bald wie möglich ein

großes weißes Taschentuch", sagte Mutter Gespenst. „Außerdem ein Stück Bindfaden und ein wenig Watte."

„Kein Problem!" sagte Vater Gespenst. Im Wald verloren die Leute alle naselang ihre Taschentücher. Und Watte und Bindfaden würden sich wohl auch auftreiben lassen.

Schon am nächsten Morgen kehrte Vater Gespenst mit den verlangten Sachen vom Spuken zurück.

Mutter Gespenst setzte sich hin und nähte daraus eine schöne Puppe.

Als das kleine Gespenst die Puppe sah, strahlte es über das ganze Gesicht.

„Sie gefällt mir sehr gut!" rief es glücklich. „Und am besten gefällt mir, daß sie so aussieht wie ich."

Darauf aß es drei Teller voll Reisbrei und wurde schnell wieder gesund.

Vampire und Wölfe

Es waren einmal zwei kleine Fledermäuse. Die trafen sich jede Nacht und spielten zusammen. Sie hatten nie Langeweile. Es fielen ihnen immer neue Spiele ein.

In einer schönen Vollmondnacht sagte die eine Fledermaus: „Heute spielen wir Vampire!"

„Ja gut", sagte die andere. „Wie geht das?"

„Wir fliegen und flattern herum und suchen uns jemanden zum Beißen", erklärte die erste. „Und dann saugen wir ihm das Blut aus. Wir tun jedenfalls so."

„Au ja!" rief die zweite Fledermaus. „Das ist ganz bestimmt ein lustiges Spiel!"

Die beiden Fledermäuse flogen und flatterten herum. Aber sie fanden keinen, den sie beißen konnten. Sie fragten den

Hasen, den Igel, den Fuchs und das Käuzchen. Aber keiner wollte mitspielen. Endlich setzten sich die beiden Fledermäuse am Waldrand auf einen alten Eichbaum und ruhten sich aus.

„Eigentlich ist das ein blödes Spiel", sagte die eine.

„Ja, ziemlich langweilig", sagte die andere.

Da bewegte sich etwas unten im Gras. Es waren zwei fremde Tiere. Sie hatten ein dunkles Fell und blitzende Zähne, lange Zungen und glühende Augen. Sie kugelten knurrend herum und rauften.

Aber plötzlich hörten sie auf. Sie hockten sich nebeneinander und blickten zum Eichbaum hinauf. Sie hatten die beiden Fledermäuse entdeckt.

„Was macht ihr da?" fragte das eine Tier. „Und wer seid ihr überhaupt?"

„Wir sind zwei Vampire", antworteten die beiden Fledermäuse wie aus einem Mund. „Und wer seid ihr?"

„Wir sind zwei Wölfe", sagten die beiden fremden Tiere. „Wir sind sehr gefährlich."

Alle vier starrten sich an.

„Vampire sind auch sehr gefährlich", sagte die eine Fledermaus nach einer

Weile. „Aber wenn ihr uns nichts tut, tun wir euch auch nichts."

Die beiden fremden Tiere schüttelten ihre zotteligen Köpfe. Jetzt sahen sie ziemlich lieb aus. „Warum sollten wir euch etwas tun?"

„Eigentlich sind wir ja gar keine Vampire", sagte die eine Fledermaus. „In Wirklichkeit sind wir nur Fledermäuse. Wir haben bloß Vampire gespielt."

Da lachten die fremden Tiere. „Und wir sind in Wirklichkeit Hunde", sagte das eine. „Wir haben bloß Wölfe gespielt."

Als Kasperle krank war

Eines Tages wurde Kasperle krank. Er hatte Husten und Schnupfen. Alle Glieder taten ihm weh. Sein Kopf fühlte sich heiß an. Seine Nase war ganz rot.

Die Großmutter steckte ihn ins Bett und deckte ihn gut zu. Das gefiel Kasperle gar nicht. Er rief: „Ich will aufstehen! Ich muß Theater spielen!"

„Kommt gar nicht in Frage", sagte die Großmutter. „Du mußt im Bett bleiben und gesund werden, sonst gar nichts."

Also wurde die Vorstellung abgesagt. Der Vorhang in Kasperles Theater blieb zu.

Kasperles Kollegen waren ganz betrübt. Ohne Kasperle konnten sie nicht spielen. Es gab kein Stück, in dem er nicht vorkam.

„Wir wollen Kasperle besuchen", sagte der König. „Und jeder von uns bringt ihm etwas mit."

„Ja, wir wollen ihm eine Freude machen", sagte die Prinzessin. „Vielleicht wird er dann schneller gesund."

Alle machten sich auf den Weg: der König und die Prinzessin, der Polizist und der Räuber, der Teufel und das Krokodil.

Kasperle freute sich sehr. Er fragte: „Habt ihr mir was mitgebracht?"

Der König stellte ihm eine feine Torte ans Bett. Die hatte sein Hofkonditor gebacken.

Die Prinzessin reichte ihm ein schönes Seidentuch. Das hatte sie selbst noch vor kurzem um den Hals getragen.

Der Polizist schenkte ihm drei Hustenbonbons. Die stammten aus seinem eigenen Vorrat.

Der Räuber gab ihm einen blanken Silbertaler. Den hatte er erst vor kurzem gestohlen.

Der Teufel nahm sein Höllenfeuerzeug und zündete das Holz im Kamin an. Das war immerhin etwas. Und Wärme konnte Kasperle gut brauchen.

Nur das Krokodil hatte nichts. Es sperrte seinen Rachen auf und wartete darauf, daß ihm jemand etwas hineinwarf. Es dachte wie immer nur an sich selbst.

Der König schüttelte den Kopf und sagte: „Du bist wirklich noch schlimmer als der Teufel."

„Ja", sagte das Krokodil. „Hast du das noch nicht gemerkt? Aber jetzt essen wir Torte!"

Das taten sie. Kasperles Großmutter hatte Kaffee gekocht und setzte sich zu ihnen. Das Krokodil aß natürlich am meisten. Als die Torte alle war, sperrte es noch immer sein Maul auf.

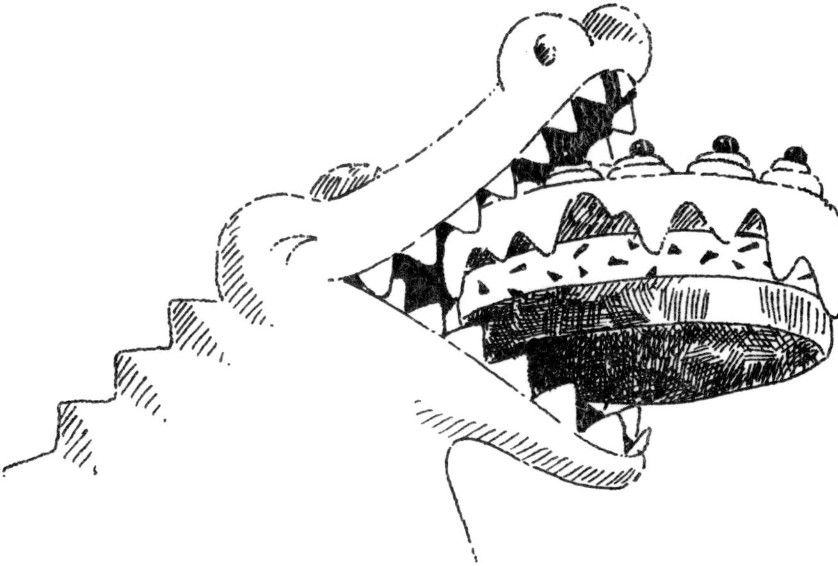

Da wurde es Großmutter zu bunt. „So, nun ist Schluß!" rief sie. „Ihr geht jetzt nach Hause. Kasperle muß sowieso noch schwitzen, damit er morgen wieder gesund ist."

„Dann wird wieder gespielt", sagte Kasperle.

„Dann wird wieder gekämpft", sagte das Krokodil.

Und alle nickten.

Am nächsten Tag war Kasperle tatsächlich wieder gesund. Der Vorhang ging auf, und er stand auf der Bühne.

Alle sangen erfreut: „Tri-tra-trullalla, Kasperle ist wieder da!"

Sogar das Krokodil sang mit.

Die Autorin

Ingrid Uebe ist in Essen/Ruhr geboren und groß geworden. Seit sie lesen konnte, träumte sie von einem Beruf, der etwas mit Schreiben zu tun hat. Sie wurde Journalistin und ist es mit Leidenschaft immer noch. Seit vielen Jahren schreibt sie – unabhängig von ihrer Tätigkeit für Tageszeitungen und Rundfunkanstalten – Kinder- und Jugendbücher. Ingrid Uebe wohnt heute in Köln.

Die Illustratorin

Birgit Mitschke, 1956 in Hamm geboren, studierte Grafik-Design an der Fachhochschule Bielefeld und an der Hochschule für Gestaltung in Offenbach am Main. Seit 1984 arbeitet sie als freie Grafik-Designerin. Ihre besondere Liebe gilt der Kalligraphie und der Illustration von Kinderbüchern. Sie lebt in Ibbenbüren.

Leselöwen-Schreibschriftbände

Hans Baumann, Der Kinderbriefkasten
Irma Carl, Fröhliches Kunterbunt
Lise Gast, Drei Dackel im Versteck
Lise Gast, Kleines Pony Frechdachs
Josef Carl Grund, Hi, der Poltergeist
Josef Carl Grund, Wo steckt Zacharias?
Josef Guggenmos, Der Bär auf dem Berg
Alfred Hageni, Verflixt und zugenäht
Karin Jäckel, Das kleine Lachgespenst
Karin Jäckel, Der kleine Seehund
Karin Jäckel, Mein Freund ist ein Känguruh
Doris Jannausch, Ein Märchen für den Riesen
Doris Jannausch, Die Giraffe auf Rollschuhen
Doris Jannausch, Guten-Morgen-Geschichten
Doris Jannausch, Was macht der Igel vor dem Spiegel?
Doris Jannausch, Wie kommt der Bär aufs Dach?
Margret Rettich, Eilbriefe für Onkel Felix
Margret Rettich, Extrapost für Kati
Margret Rettich, Minni ist die Größte
Vera Ruoff, Kunterbunte Witzestunde

Vera Ruoff, Sachen zum Lachen
Ursel Scheffler, Der Kater im Theater
Marianne Späh, Ferien auf dem Bauernhof
Marianne Späh, Jockels kleine Hasen